Coleção dos SONHOS para Educação Financeira

EM QUADRINHOS

NiCO
E A VIAGEM PARA CAMPO GRANDE

www.editoradsop.com.br

Presidente: PhD Reinaldo Domingos
Coordenadora editorial: Renata de Sá
Redatora: Dandara Monteiro
Editoras de texto: Fabiana Oliveira e Sabrina Levensteinas
Editora de arte: Marisa Ana Corazza
Revisora: Gabriela Andrade

www.senioreditora.com.br
Instagram: @senior.editora

Editor colaborador: Samuel Vieira
Blue Line Studio
Diretor de arte: João Costa
Colaboradores
Desenhos: Aparecido F. Norberto (Cidão)
Arte final HQ e capa: Omar Viñole
Arte final das atividades: Léo Munhoz
Cor: Léo Munhoz
Letras: Fausto Costa

Rua Alba, 88 – CEP: 04346-000
Vl. Pq. Jabaquara – São Paulo – SP
Tel.: 11 3177-7800

Dados Internacionais de Catalogação na Publicação (CIP)
(Câmara Brasileira do Livro, SP, Brasil)

Domingos, Reinaldo
Nico e a viagem para Campo Grande / Reinaldo Domingos ; [ilustração Blue line Studio de Arte]. -- São Paulo : Editora DSOP, 2021.

ISBN 978-65-87565-72-9

1. Educação financeira 2. Finanças - Literatura infantojuvenil 3. Histórias em quadrinhos - Literatura infantojuvenil 4. Sonhos - Literatura infantojuvenil I. Blue line Studio de Arte. II. Título.

21-86254 CDD-028.5

Índices para catálogo sistemático:

1. Educação financeira : Literatura infantil 028.5
2. Educação financeira : Literatura infantojuvenil 028.5

Cibele Maria Dias - Bibliotecária - CRB-8/9427

NICO EM:
NICO E A VIAGEM PARA CAMPO GRANDE
DURANTE AS FÉRIAS, NICO E FRED COMBINARAM DE SE VER MAIS.
OS ENCONTROS COM FRED ESTAVAM SALVANDO AS FÉRIAS DE NICO. EM CASA, LELÊ E TITI BRIGAVAM O TEMPO TODO, A PONTO DE DEMARCAREM A CASA PARA SINALIZAR ONDE ERA O ESPAÇO DE CADA UM.
O QUE MARIA E PAULO MAIS ESCUTAVAM ERAM RECLAMAÇÕES DOS FILHOS.
BLÁ, BLÁ, BLÁ BLÁ, BLÁ, BLÁ
BLÁ, BLÁ, BLÁ BLÁ, BLÁ, BLÁ
BLÁ, BLÁ, BLÁ BLÁ, BLÁ, BLÁ

MARIA E PAULO DECIDIRAM USAR OS PILARES DA METODOLOGIA DSOP PARA TRAZER HARMONIA À FAMÍLIA.
SUGERIMOS QUE O SONHO DE CURTO PRAZO DOS TRÊS NESTE INÍCIO DE ANO SEJA ALGO QUE POSSAM FAZER JUNTOS.
NO SÁBADO, TEREMOS NOSSA REUNIÃO ANUAL PARA DEFINIR NOSSOS SONHOS.
ATÉ LÁ, ESPERAMOS QUE TENHAM ALGO EM MENTE.
NO SÁBADO...
NÓS CONVERSAMOS E QUEREMOS IR À SALA ESPECIAL DE CINEMA ASSISTIR AO NOVO FILME DOS NOSSOS HERÓIS FAVORITOS DOS QUADRINHOS.
DIZEM QUE AS POLTRONAS DA SALA ATÉ SE MEXEM.
PARA O SONHO DE LONGO PRAZO, QUERO UM CELULAR NOVO COM UMA BOA CÂMERA FOTOGRÁFICA.
EU TAMBÉM QUERO UM CELULAR!
ESTOU PRECISANDO MUITO DE UM CELULAR TAMBÉM.
EI... VAMOS COM CALMA. LELÊ, SE VOCÊ QUER FOTOS MELHORES, POR QUE NÃO ESCOLHE UMA CÂMERA FOTOGRÁFICA?
PORQUE PELO CELULAR É MAIS FÁCIL DE SALVAR E COMPARTILHAR FOTOS COM MINHAS AMIGAS.

TITI, VOCÊ É MUITO NOVO PARA TER UM CELULAR. NICO TERÁ MAIS RESPONSABILIDADES NA ESCOLA, E ISSO EXIGIRÁ QUE ELE PASSE MAIS TEMPO LONGE DE CASA.
UM CELULAR SERÁ UMA FORMA DE MANTER CONTATO COM A GENTE.
AAAH...
ENTÃO, VOU QUERER UMA NAVE ESPACIAL, ASSIM AUMENTO MINHA COLEÇÃO.
VOCÊS NÃO DISSERAM NADA SOBRE O SONHO DE MÉDIO PRAZO, CRIANÇAS!
NÃO GUARDEM POR GUARDAR O DINHEIRO NOS COFRINHOS DE VOCÊS. TENHAM UM OBJETIVO.
LELÊ E NICO, VOCÊS SABEM QUE UM CELULAR É MUITO CARO. COMO VOCÊS PRETENDEM REALIZAR ESSE SONHO?
COM OS PILARES QUE O VOVÔ ENSINOU, A GENTE PODE REALIZAR QUALQUER COISA, PAI.
SIM, MINHA FILHA. E VOCÊS JÁ SABEM O QUE FAZER COM O PRIMEIRO PILAR?
DIAGNOSTICAR. EU PESQUISEI NA INTERNET, COM A AJUDA DA MAMÃE, O APARELHO QUE EU QUERO, ANALISEI AS CONFIGURAÇÕES E ENCONTREI O MODELO IDEAL.
EU TAMBÉM USEI O CELULAR DA MINHA AMIGA E QUERO UM IGUAL AO DELA.
MUITO BEM, CRIANÇAS. VOCÊS SABEM DIZER QUAL É O SEGUNDO PILAR?
SONHAR!

CRIANÇAS, OLHEM A SURPRESA QUE SEU PAI E EU CRIAMOS.
CANTINHO DOS SONHOS
UM MURAL PARA ESCREVER, DESENHAR E COLAR O QUE QUISEREM PARA AJUDAR VOCÊS A NÃO ESQUECEREM JAMAIS DOS SEUS SONHOS.
A MAMÃE NÃO É INCRÍVEL, CRIANÇAS?
ISSO NOS LEVA AO TERCEIRO PILAR, ORÇAR.
SÃO AS ESTRATÉGIAS, E POSSO AJUDAR VOCÊS COM ALGUMAS SUGESTÕES: LELÊ, ALÉM DE GUARDAR UMA PARTE DA SUA MESADA FINANCEIRA, VOCÊ PODE VENDER SEU CELULAR ANTIGO, GUARDAR O DINHEIRO E POUPAR O RESTANTE DO VALOR PARA CONSEGUIR O MODELO QUE VOCÊ QUER.
MELHOR AINDA: NICO, QUER COMPRAR MEU CELULAR? ELE ESTÁ BOM. SÓ AS FOTOS QUE NÃO TÊM BOA RESOLUÇÃO.
HUM... NÃO TENHO CERTEZA... EU FICO COM ELE COM UMA CONDIÇÃO: TIRE TODOS ESSES BARBANTES DA CASA.
MUITO BEM! DESSA FORMA UM AJUDA O OUTRO A REALIZAR O SONHO. E, ENTÃO, FINALIZAMOS COM O QUARTO PILAR, POUPAR. GUARDEM SUAS ECONOMIAS PARA ESSES SONHOS.
TEMOS MAIS UMA SURPRESA: SE VOCÊS NOS AJUDAREM NA REDUÇÃO DAS CONTAS DE ÁGUA E DE ENERGIA, PODEMOS DIVIDIR O VALOR ECONOMIZADO ENTRE OS TRÊS.

ALGUNS DIAS DEPOIS, NICO FOI DORMIR NA CASA DE FRED.
TUDO BEM, NICO?
SIM. SÓ ESTOU UM POUCO TENSO PORQUE É A PRIMEIRA VEZ QUE DURMO NA CASA DE UM AMIGO.
APESAR DA INSEGURANÇA DE NICO, ELE E FRED SE DIVERTIRAM MUITO.
BOMMMM DIAAAAAA, CRIANÇAS!
BOM DIA, SEU BENÊ!
FRED, SEU PAI É MUITO LEGAL! ELE ESTÁ DE FÉRIAS?
NA VERDADE, A EMPRESA EM QUE MEU PAI TRABALHAVA MANDOU MUITOS FUNCIONÁRIOS EMBORA, ENTRE ELES MEU PAI.
POXA, FRED, COMO VOCÊS ESTÃO SE VIRANDO?
MINHA MÃE É ENFERMEIRA E ESTÁ FAZENDO MAIS TURNOS ENQUANTO MEU PAI NÃO CONSEGUE UM EMPREGO.
TOME, NICO. LEVE PARA SEUS PAIS.
OBRIGADO.
A NOTÍCIA DO DESEMPREGO DO PAI DE FRED DEIXOU NICO MUITO PREOCUPADO. SE O SENHOR BENÊ NÃO CONSEGUISSE MAIS UM EMPREGO, COMO FARIAM COM AS CONTAS DA CASA?

NICO ESTAVA ANIMADO COM A VOLTA ÀS AULAS. TINHA FICADO MAIS PRÓXIMO DE FRED E SENTIA SAUDADE DOS OUTROS AMIGOS, QUE VOLTARAM CHEIOS DE NOVIDADES PARA CONTAR.
BLÁ, BLÁ, BLÁ
BLÁ, BLÁ, BLÁ
FRED E EU FOMOS AO PARQUE E TAMBÉM JOGAMOS MUITO FUTEBOL NA QUADRA DO PRÉDIO DELE...
SÉRIO? QUE LEGAL. CONTEM MAIS...
NICO E FRED CONTARAM SOBRE SEUS DIAS DIVERTIDOS, SOBRE A COMIDA DELICIOSA DO SENHOR BENÊ, E FRED ACABOU CONTANDO DO PAI, O QUE DEIXOU TODOS CHATEADOS.
FICA TRANQUILO, FRED. CERTEZA QUE LOGO, LOGO, SEU PAI ARRUMA OUTRO TRABALHO!

EM CASA, AS BRIGAS DIMINUÍRAM. NICO, LELÊ E TITI ESTAVAM UNIDOS PARA ECONOMIZAR ENERGIA E ÁGUA. AFINAL, SERIA UM GANHO PARA OS TRÊS.
LELÊ PASSOU A CRONOMETRAR O TEMPO DO BANHO.
TITI ANDAVA PELA CASA APAGANDO TODAS AS LUZES.
EI, TITI!!!
NICO PASSOU A AJUDAR AINDA MAIS, LAVANDO A LOUÇA DE FORMA MAIS ECONÔMICA.
ENQUANTO AJUDAVA A MÃE, NICO SE LEMBROU DE FRED E DO SEU BENÊ.
VOCÊ TAMBÉM VAI PERDER O EMPREGO, IGUAL AO PAI DO FRED?
EU IMAGINO QUE NÃO. MAS A GENTE NUNCA SABE QUANDO ALGO ASSIM PODE ACONTECER, FILHO.

ALGUNS DIAS DEPOIS...
NICO, NO PRÓXIMO FERIADO PROLONGADO, MEU PAI E EU VAMOS VISITAR MINHA AVÓ EM CAMPO GRANDE, CAPITAL DE MATO GROSSO DO SUL.
ELA NOS MANDOU AS PASSAGENS DE AVIÃO. VOCÊ QUER IR COM A GENTE?
EU TENHO QUE FALAR COM MEUS PAIS.
VAMOS FICAR NA CASA DA MINHA AVÓ.
O ÚNICO GASTO SERIA COM AS PASSAGENS.
SE QUISER, DEPOIS POSSO LIGAR PARA SEUS PAIS.
MAIS TARDE, NICO FALOU COM MARIA E PAULO.
GOSTARIA DE CONVERSAR MELHOR COM O SEU BENÊ.
TEM CERTEZA QUE VOCÊ QUER MESMO FAZER ESSA VIAGEM?
SIM, SIM, POR FAVOR.
CANTINHO DOS SONHOS

DEPOIS DE CONVERSAREM COM O PAI DE FRED, PAULO E MARIA AUTORIZARAM A VIAGEM DE NICO.
NICO, SEU PAI E EU PENSAMOS QUE VOCÊ PODE DEFINIR ESSA VIAGEM COMO SEU SONHO DE MÉDIO E DE LONGO PRAZOS.
COMO A VIAGEM ESTÁ BEM PERTO DE ACONTECER, PENSAMOS QUE VOCÊ PODIA USAR O DINHEIRO QUE ESTÁ POUPANDO NOS DOIS COFRINHOS PARA COMPRAR AS PASSAGENS.
MAS E O CELULAR?
VOCÊ PODE ADIAR A COMPRA DO CELULAR. ASSIM, VOCÊ CONSEGUE VIAJAR E COMPRAR O APARELHO EM UM OUTRO MOMENTO.
MAS EU POSSO FAZER ISSO?
NÃO É O IDEAL, PORQUE, COMO A GENTE ENSINOU, PRECISAMOS PENSAR BEM NOS NOSSOS SONHOS E NOS ESFORÇAR PARA REALIZÁ-LOS.
MAS COISAS INESPERADAS ACONTECEM. E VOCÊ NÃO DEVE SE ENVERGONHAR.

ERA SEMANA DE PROVAS. NESSE PERÍODO, OS ALUNOS QUE AS TERMINAVAM ERAM LIBERADOS E ESPERAVAM NO PÁTIO ATÉ O HORÁRIO DE IR EMBORA.
NICO E SEUS AMIGOS APROVEITARAM O TEMPO LIVRE PARA COLOCAR OS PAPOS EM DIA.
FRED E OLÍVIA CHEGARAM ALGUNS MINUTOS DEPOIS...
MEU PAI ESTÁ TESTANDO NOVAS RECEITAS EM CASA. QUERIA QUE VOCÊS EXPERIMENTASSEM.
HUUUM...
HUUUM...
FRED, MEU ANIVERSÁRIO ESTÁ CHEGANDO. POSSO PEDIR À MINHA MÃE QUE ENCOMENDE UM BOLO COM SEU PAI. O QUE ACHA?
PODE SER UMA BOA IDEIA, NICO. VOU FALAR COM ELE.

EU VOU QUERER O BOLO DO PAI DO FRED DE ANIVERSÁRIO.
BOA IDEIA, NICO! ESTOU MUITO ATAREFADA, SERIA ÓTIMO PODER ENCOMENDAR O BOLO. VOU LIGAR E ACERTAR TUDO COM O SEU BENÊ.

NICO
FELIZ ANIVERSÁRIO
O TEMPO PASSOU RÁPIDO E A FESTA DE ANIVERSÁRIO DE NICO CHEGOU! ELE, LELÊ E TITI DECORARAM O QUINTAL. TODOS OS CONVIDADOS ESTAVAM LÁ! O VÔ AMADEU FEZ SURPRESA E TAMBÉM ESTAVA PRESENTE. FOI A MAIOR FESTA DE ANIVERSÁRIO DE NICO DESDE QUE SE MUDOU PARA GUATINGA.

O BOLO ESTÁ REALMENTE MARAVILHOSO! VOCÊ PODERIA FAZER BOLO JÁ CORTADO EM PEDAÇOS?
POSSO VENDER NO MEU TRABALHO. SE TIVER ALGUM CARTÃO, DISTRIBUO PARA AS PESSOAS.
CLARO! SERIA ÓTIMO.
A FESTA DE NICO FOI UM SUCESSO, E OS COMENTÁRIOS SOBRE O BOLO DE SEU BENÊ RENDERAM MUITAS ENCOMENDAS.
MEU PAI ESTÁ MUITO ANIMADO E CHEIO DE TRABALHO.
E QUANDO VAMOS TER MAIS DELÍCIAS PARA EXPERIMENTAR?
HAHAHAHAHA
HAHAHAHAHA

FALTAVAM ALGUMAS SEMANAS PARA A VIAGEM A CAMPO GRANDE COM O AMIGO FRED E NICO ESTAVA PREOCUPADO, POIS A MESADA ECONÔMICA DO ÚLTIMO MÊS FOI UM POUCO MENOR E ELE PRECISAVA TER CERTEZA DE QUE CONSEGUIRIA O SUFICIENTE.
NICO, POR QUE DESLIGOU A TELEVISÃO? ESTOU ASSISTINDO!
VÁ BRINCAR LÁ FORA. É MELHOR!
FILHO, O QUE ESTÁ HAVENDO?
PRECISAMOS ECONOMIZAR MAIS PARA QUE EU CONSIGA TODO O DINHEIRO PARA REALIZAR O SONHO DE VIAJAR PARA CAMPO GRANDE.
VÁ CHAMAR SEUS IRMÃOS!
ECONOMIZAR É ÓTIMO, NICO, MAS A ENERGIA E A ÁGUA PRECISAM SER USADAS EM ALGUNS MOMENTOS.
MAS JÁ QUE VOCÊ QUER ECONOMIZAR MAIS, EXISTEM OUTRAS COISAS QUE PODEMOS FAZER.
O QUE, MÃE???
O QUE, MÃE???
PODEMOS REVER AS COMPRAS DE SUPERMERCADO.
MAS EU TENHO FOME!
COMO ASSIM, MAMÃE?
EU PRECISO COMER IOGURTE TODAS AS MANHÃS!

CALMA, CRIANÇAS. NINGUÉM VAI PASSAR FOME. SÓ PRECISAMOS FAZER ESCOLHAS MAIS CONSCIENTES PARA COMPRAR O QUE FOR REALMENTE NECESSÁRIO. PODEMOS TROCAR MARCAS, TESTAR PRODUTOS NOVOS...
UFA!!!

VAMOS FAZER UMA LISTA DO QUE PRECISAMOS, E JÁ CONSIDERAR AS MARCAS COM PREÇOS MELHORES.
COMBINADO!

FINALMENTE CHEGOU O DIA DA VIAGEM TÃO ESPERADA PARA CAMPO GRANDE. NICO TEVE CERTEZA DE QUE TODA A ECONOMIA TINHA VALIDO A PENA. VIAJAR DE AVIÃO FOI INCRÍVEL! NICO NÃO SABIA DIZER O QUE TINHA SIDO MAIS IMPRESSIONANTE: VER A CIDADE FICANDO PEQUENININHA, MENOR QUE OS BLOCOS DE MONTAR DO TITI; PASSAR POR ENTRE AS NUVENS E GARANTIR QUE NÃO ERAM ALGODÃO; OU O FRIO NA BARRIGA NA SUBIDA E NA DESCIDA. NICO AMOU CADA DETALHE.

OI, VOVÓÓÓ!!!
FRED, MEU NETO. QUE SAUDADE!
DONA ALICE LEVOU OS TRÊS DIRETO PARA O SÍTIO DA IRMÃ DELA, QUE MORA PERTO DO PANTANAL.
UAAAUUU!!! É LINDOO...
SIM, NICO.

NICO, HOJE TEREMOS SOPA PARAGUAIA!
SOPA PARA QUEM?
NÃO É PARA QUEM, MAS SIM O NOME DE UM PRATO TÍPICO DAQUI. PARAGUAIA.
UÉ, O FRED ME FALOU QUE TERIA SOPA... ESTOU VENDO UMA TORTA!
HAHAHAHAHA
HAHAHAHAHA
É UMA TORTA DE QUEIJO E MILHO QUE TEM O NOME DE SOPA PARAGUAIA, MAS NÃO É LÍQUIDA, NICO.
AHHH!! HEHE...
SEU BENÊ APROVEITOU O TEMPO COM A TIA E A MÃE PARA MATAR A SAUDADE E APRENDER MAIS RECEITAS DE FAMÍLIA. NICO E FRED FICARAM ENCARREGADOS DE EXPERIMENTAR.
GUARDE UM ESPACINHO PARA A SOBREMESA. FIZ UM ARROZ-DOCE DE TIRAR O CHAPÉU, NICO.
EU SEMPRE DEIXO, SEU BENÊ.

DIAS DEPOIS... NICO VOLTOU A GUATINGA CHEIO DE HISTÓRIAS PARA CONTAR. ASSIM QUE TERMINOU O JANTAR COM A FAMÍLIA, FOI CORRENDO LIGAR PARA O VÔ AMADEU E CONTAR COMO FOI REALIZAR MAIS UM SONHO...
VOVÔ, ACREDITA QUE ATÉ AS COISAS NO SUPERMERCADO SÃO MAIS BARATAS LÁ?
ISSO MESMO, NICO. COM A MESMA MOEDA, O REAL, É POSSÍVEL COMPRAR COISAS MAIS BARATAS EM LAGOA BRANCA, POR EXEMPLO, DO QUE EM GUATINGA. OS PRODUTOS PRODUZIDOS NA REGIÃO SÃO DE MENOR CUSTO. AS VERDURAS SÃO MAIS BARATAS NA MINHA CIDADE PORQUE OS SÍTIOS PRODUZEM AQUI.
HUM...
O PAI DO FRED FEZ UM MONTE DE RECEITAS DELICIOSAS. ELE ESTÁ PENSANDO EM ABRIR UMA CONFEITARIA.
QUE MARAVILHA, NICO! EU ADMIRO AS PESSOAS QUE RESOLVEM EMPREENDER E COLOCAR SEUS SONHOS COMO PRIORIDADE.
VÔ AMADEU SE DESPEDIU, E NICO, QUE ESTAVA EUFÓRICO COM AS HISTÓRIAS QUE TINHA PARA CONTAR, MAS, EXAUSTO DA VIAGEM, FOI DORMIR.
ZZZZZZZZZZZZ!

NO REENCONTRO COM OS AMIGOS, NICO ESTAVA DOIDO PARA CONTAR AS NOVIDADES DA VIAGEM COM FRED...
BLÁ, BLÁ, BLÁ BLÁ BLÁ BLÁ...
MAS PARECE QUE OLÍVIA TAMBÉM TINHA NOVIDADES.
MEU PAI FOI TRANSFERIDO PARA UMA UNIDADE DA EMPRESA NOS ESTADOS UNIDOS E EU E MINHA FAMÍLIA VAMOS NOS MUDAR E FICAR UM ANO POR LÁ.
NICO E SEUS AMIGOS NÃO SABIAM SE FICAVAM TRISTES OU FELIZES, AFINAL SENTIRIAM FALTA DE OLÍVIA, MAS PARECIA SER UMA EXPERIÊNCIA MUITO LEGAL.
VOCÊ ESTÁ ANIMADA?
SIM, MUITO.
SÓ SENTIREI FALTA DE VOCÊS...

ALGUNS DIAS DEPOIS...
O QUE FOI, FRED?
AH, NICO, MEU PAI FEZ AS CONTAS E O DINHEIRO QUE ELE TEM GUARDADO NÃO SERÁ SUFICIENTE PARA ABRIR A CONFEITARIA.
TEM MUITA COISA PARA COMPRAR, FORA O ALUGUEL DE UMA LOJA.
O SEU BENÊ PRECISA ARRUMAR UM LUGAR ONDE POSSA EXPOR E VENDER SEUS PRODUTOS, MAS SEM GASTAR COM ISSO.
É O MESMO PROBLEMA QUE MEU AVÔ TEVE NO PASSADO: TINHA BONS PRODUTOS, MAS NÃO TINHA ONDE VENDER.
SERÁ QUE O MEU PAI NÃO PODERIA VENDER OS PRODUTOS NO MERCADINHO DOS SEUS PAIS, TOMOKO?
ACREDITO QUE SIM. PEDE PARA O SEU PAI IR NO MERCADINHO ESSA SEMANA.
FANTÁSTICO! OBRIGADO, VOU FALAR COM ELE.

NOS DIAS QUE PASSARAM, OS PAIS DE TOMOKO CONVERSARAM COM SEU BENÊ E GOSTARAM MUITO DA SUGESTÃO DE VENDER BOLOS E BISCOITOS CASEIROS.

AGORA, UM EMPREENDEDOR COMO SEU BENÊ PRECISAVA DE UM PLANEJAMENTO DETALHADO, CHAMADO DE PLANO DE NEGÓCIO, QUE DEVERIA RESPONDER A CINCO PERGUNTAS BÁSICAS: O QUÊ? COMO? QUANDO? A QUE CUSTO? E DE ONDE TIRAR? ESSE PLANEJAMENTO O AJUDARIA, MAIS PARA FRENTE, A ABRIR SEU PRÓPRIO EMPREENDIMENTO.

NICO, TITI E LELÊ ESTUDAVAM PARA AS PROVAS DO BIMESTRE QUANDO PAULO CHEGOU EM CASA, E TEVE UMA SURPRESA AO VER TODAS AS LUZES ACESAS, TORNEIRA PINGANDO NA COZINHA E COMIDAS FORA DA GELADEIRA.
VOCÊS DESISTIRAM DOS SEUS SONHOS?
CLARO QUE NÃO, PAPAI, POR QUE ESTÁ DIZENDO ISTO?
PORQUE EU E A MÃE DE VOCÊS REPARAMOS QUE NOS ÚLTIMOS DIAS ESTÃO RELAXANDO NAS ECONOMIAS EM CASA.
O QUE RESULTARÁ EM UMA MESADA ECONÔMICA MENOR. ALÉM DISSO, DEVERIAM SE PREOCUPAR COM O DESPERDÍCIO DE RECURSOS.
SE VOCÊS VOLTAREM A PRESTAR ATENÇÃO, É PROVÁVEL QUE O DESPERDÍCIO DOS ÚLTIMOS DIAS NÃO AFETE TANTO ASSIM.
DESCULPA, PAPAI!
PODE DEIXAR QUE FICAREMOS ATENTOS NOVAMENTE.
ISSO MESMO!

MAIS TARDE, NICO FOI ATÉ A CASA DE FRED E SE DIVERTIU COM O AMIGO AJUDANDO SEU BENÊ A FAZER OS BISCOITOS QUE TINHAM EXPERIMENTADO NA VIAGEM. NICO DESCOBRIU QUE ALÉM DE COMER, GOSTAVA TAMBÉM DE FAZER AS RECEITAS.

OS TRÊS ESTAVAM MUITO FELIZES, POIS OS PAIS DE TOMOKO OFERECERAM UM ESPAÇO NO MERCADINHO PARA SEU BENÊ EXPOR SEUS BOLOS E DOCES.
SÓ ESTOU UM POUCO PREOCUPADO, POIS AINDA PRECISO COMPRAR MUITOS INGREDIENTES, TROCAR MEU FOGÃO E ALGUNS UTENSÍLIOS.

NICO, OBSERVANDO ALGUMAS LUZES ACESAS E ÁGUA PINGANDO, DECIDIU OFERECER AJUDA A SEU BENÊ.
EU POSSO DAR ALGUMAS ORIENTAÇÕES DE ECONOMIA QUE USAMOS EM CASA, CASO VOCÊS NÃO SE IMPORTEM.
CLARO, SERÁ ÓTIMO!

EM CASA, TODO ANO, NÓS DEFINIMOS NOSSOS SONHOS E DEPOIS TRAÇAMOS PLANOS PARA ALCANÇÁ-LOS.
ESTE ANO, NÓS APRENDEMOS QUE ECONOMIZANDO, USANDO BEM A ENERGIA E A ÁGUA E FAZENDO COMPRAS CONSCIENTES NO SUPERMERCADO, CONSEGUIMOS POUPAR MAIS DINHEIRO TANTO PARA REALIZAR UMA VIAGEM QUANTO PARA IR AO CINEMA OU COMPRAR UM CELULAR.

MUITO OBRIGADO, NICO! JÁ SEI QUE PODEMOS FAZER ALGUMAS MUDANÇAS POR AQUI PARA REALIZAR ESSE SONHO.

ALGUNS DIAS DEPOIS...
COMO TODOS SABEM, NO FINAL DO ANO A ESCOLA PROMOVE UMA FEIRA PARA A COMUNIDADE.
ESTE ANO, TEREMOS UM ESPAÇO PARA A VENDA DE PRODUTOS, MAS TAMBÉM PARA A TROCA DE ITENS FEITOS COM AS PRÓPRIAS MÃOS, ISTO É, ARTESANAIS.
ESSA ATIVIDADE FUNCIONA COMO UMA MESADA DE TROCA, ASSIM NÃO HÁ NENHUM GASTO.
PUXA, EU ESQUECI COMPLETAMENTE DA FEIRA.
EU JÁ PREPAREI O MEU, MAS É SURPRESA!
EU TAMBÉM.
E VOCÊ, FRED?
MINHA AVÓ E EU FAZEMOS BONECOS DE PANO PARA DOAR EM UM LAR DE CRIANÇAS.
VOU TRAZER ALGUNS.
E AGORA?
DIRETORA CAROLINA, ESTAMOS PERDIDOS... NÃO TEMOS IDEIA DO QUE FAZER.
OLHEM, CRIANÇAS, VOCÊS PODEM TRAZER QUALQUER COISA, DESDE QUE VOCÊS MESMOS TENHAM FEITO. PODE ATÉ SER EM GRUPO, MAS TODOS DEVEM COLABORAR.

CONTINUO PERDIDO...
EU TAMBÉM...
EI, PESSOAL... EU TIVE UMA IDEIA.

A FESTA DE FINAL DE ANO FOI UM SUCESSO. A TURMA DO NICO MANDOU MUITO BEM NA PRODUÇÃO ARTESANAL. OLÍVIA FEZ UMA SÉRIE DE CADERNOS PERSONALIZADOS COM SUAS MANOBRAS PREFERIDAS NO *SKATE*. FRED USOU A TÉCNICA QUE APRENDEU COM A AVÓ PARA FAZER BONECAS DE PANO. JÁ ANDRÉ, TOMOKO E NICO PRODUZIRAM OS BISCOITOS MAIS ORIGINAIS DA FESTA, ACOMPANHADOS DE UM LINDO *TSURU* PINTADO À MÃO POR ANDRÉ.
FRED
OLÍVIA
NICO - TOMOKO
ANDRÉ

SEU BENÊ TAMBÉM PARTICIPOU DA FEIRA E APROVEITOU PARA LANÇAR A MARCA DE DOCES DELE.
OLÍVIA, SABIA QUE A SOPA PARAGUAIA NÃO É UMA SOPA DE VERDADE?
HAHAHAHA
HAHAHAHA
MAIS TARDE.
QUANTOS SONHOS VOCÊS REALIZARAM ESSE ANO, HEIN.
SIM, MAS O MELHOR FOI A VIAGEM PARA CAMPO GRANDE.
QUE NADA, O MELHOR SONHO FOI O MEU CELULAR NOVO.
FOI A NAVE ESPACIAL.
CALMA, CRIANÇAS. TODOS OS SONHOS FORAM ÓTIMOS PORQUE VOCÊS ACREDITARAM QUE SERIAM CAPAZES E SE PLANEJARAM PARA REALIZÁ-LOS.
E NO ANO QUE VEM TEM MUITO MAIS.
HAHAHA HAHAHA
FIM.

ATIVIDADES

1. A FAMÍLIA DE NICO ESTAVA EMPENHADA EM ECONOMIZAR DINHEIRO PARA REALIZAR OS SONHOS DE CURTO, MÉDIO E LONGO PRAZOS. OBSERVE A CENA E ANOTE QUE ATITUDES PODEM SER TOMADAS PARA ECONOMIZAR.

2. O MÊS DA FEIRA DA COMUNIDADE HAVIA CHEGADO. OS ALUNOS LEVARIAM OS PRODUTOS QUE CONFECCIONARAM. LIGUE O PERSONAGEM AO ARTESANATO PRODUZIDO.

3. ANDRÉ SURPREENDEU A TODOS CUSTOMIZANDO OS *TSURUS* CRIADOS POR TOMOKO. CUSTOMIZE O *TSURU* ABAIXO USANDO LÁPIS E CANETAS COLORIDAS, OU COLAGENS.

4. NICO APRENDEU A FAZER BISCOITOS. VOCÊ CONHECE ALGUMA RECEITA? CASO NÃO CONHEÇA, PEÇA A ALGUM DE SEUS FAMILIARES OU PESQUISE NA INTERNET. ANOTE A RECEITA ABAIXO.

5. NICO FEZ UMA VIAGEM INCRÍVEL COM SEU AMIGO FRED PARA CAMPO GRANDE E PARA O PANTANAL. VOCÊ JÁ SONHOU EM VIAJAR PARA ALGUM LOCAL? DESCREVA OU DESENHE ESSE LUGAR. ASSIM COMO O PANTANAL, ONDE NICO CONHECEU RECEITAS TÍPICAS E PAISAGENS QUE SÓ EXISTEM LÁ, DIGA SE VOCÊ ACHA QUE O LUGAR QUE SONHA CONHECER TEM ALGUMA CARACTERÍSTICA CULTURAL OU NATURAL PRÓPRIA.

Vitoria Nascimento

REINALDO DOMINGOS NASCEU EM CASA BRANCA, INTERIOR DE SÃO PAULO. FILHO DE PAI FERROVIÁRIO E DE MÃE AUTÔNOMA, AOS 12 ANOS DE IDADE REALIZOU O PRIMEIRO DOS SEUS MUITOS SONHOS: COMPRAR UMA BICICLETA. ATUALMENTE, É PHD EM EDUCAÇÃO FINANCEIRA E MENTOR DE UMA METODOLOGIA COMPORTAMENTAL, A **METODOLOGIA DSOP**, QUE APRENDEU QUANDO AINDA ERA APENAS UMA CRIANÇA. AUTOR DE DIVERSOS LIVROS PARA O PÚBLICO INFANTOJUVENIL, PUBLICOU AS SÉRIES *O MENINO E O DINHEIRO*; *O MENINO DO DINHEIRO*; E OS LIVROS *O MENINO DO DINHEIRO EM CORDEL* (PNLD 2018), *DIÁRIO DOS SONHOS*, *A MENINA DO RIO*, ENTRE OUTROS. EM PARCERIA COM MAURICIO DE SOUSA, LANÇOU AS OBRAS *COMO CÃES E GATOS*, *VISITA À FAZENDINHA*, *SEM SONHOS* E *O SUMIÇO DO CEBOLA*. AUTOR DE TRÊS COLEÇÕES DIDÁTICAS DE EDUCAÇÃO FINANCEIRA PARA O ENSINO BÁSICO DO PAÍS, ADOTADAS POR DIVERSAS ESCOLAS PÚBLICAS E PRIVADAS, É COAUTOR DA OBRA *JUVENTUDE PLURAL – PROJETO DE VIDA*, OBRA DE ENSINO MÉDIO APROVADA NO PNLD 2021.